DE

L'APPEL A LA NATION.

Paris. — Imprimerie Dondey-Dupré, rue Saint-Louis, 46, au Marais.

DE

L'APPEL A LA NATION,

PAR

ROISSELET DE SAUCLIÈRES.

Tout pour la France et
par la France.

PARIS.

GARNIER FRÈRES, LIBRAIRES, PALAIS-ROYAL.

—

1850

DE

L'APPEL A LA NATION.

—◆—

I.

L'appel à la nation viole-t-il le droit national et traditionnel de la France ?

L'appel à la nation, proposé par M. de la Rochejaquelein, est la plus importante question qui ait été soulevée depuis le 24 février. Question d'histoire, elle montre le principe de l'autorité résidant dans la royauté héréditaire et dans la représentation nationale, double autorité inviolable et sacrée, reconnue par la tradition, et qui constituait une véritable souveraineté du droit ; question politique, elle touche à tous les principes, à tous les intérêts de la France ; question

1

de droit national, elle nous rappelle la gloire du passé, elle donne au monde le sentiment d'une situation incomplète, obscure, inexpliquée, et qui révèle chaque jour, par quelque symptôme nouveau, le mal profond de la société ; Dieu veuille qu'elle éclaire les résolutions de l'avenir, et que la France ne périsse pas pour avoir méconnu, depuis soixante ans, la vraie tradition nationale, qui, pendant quatorze siècles, fit sa force, sa grandeur et sa prospérité ! Jamais question plus importante n'avait été proposée à l'examen d'une assemblée nationale ; jamais proposition ne fut plus digne d'un grave et solennel débat.

Si l'examen de cette question ne devait avoir d'autre but que de placer la souveraineté du nombre ou de la force au-dessus de la souveraineté du droit, ou de donner au véritable droit de souveraineté une fausse tradition qui démentît toute notre histoire, nous le disons hautement : cet examen ne serait pas permis ; car une nation, violant le principe d'autorité qui lui est propre, n'a pas le droit de renverser, par une délibération de hasard, les lois primordiales qui l'ont constituée, pour leur substituer des décisions nouvelles, prises à la majorité des voix, abstraction faite des mœurs, des souvenirs, des lois, des besoins, des idées, des croyances, des devoirs qui lui ont donné une vie pleine de gloire et de prospérité. Ce n'est pas ainsi que nous entendons la puissance du suffrage universel ; cette puissance, ainsi entendue, serait la ruine en principe de tout état de société politique.

Mais si, laissant au véritable droit de souveraineté son principe national et traditionnel, on n'a d'autre but que proclamer un principe vrai, qui puisse fermer à jamais l'abîme des révolutions, alors l'examen de cette question devient nécessaire et légitime, et l'appel à la nation, loin d'être une contradiction, une délibération de hasard, comme on l'appelle, n'est, au contraire, qu'une délibération de raison et d'expérience ; c'est la sanction des droits et des lois, des principes et des dogmes, hautement exprimée par la nation : nous allons le démontrer.

II.

Que doit-on entendre par droit national et traditionnel ?

Et d'abord, qu'entendons-nous par droit national et traditionnel ? Le voici : dans la constitution qui, pendant plusieurs siècles, a régi la monarchie française, et qu'on peut appeler le vieux code de la souveraineté, l'autorité résidait dans la royauté héréditaire et dans la représentation nationale. La royauté exerçait un pouvoir souverain dans les limites des lois fondamentales, et la nation représentée, sous la première et la deuxième race, par les parlements ou assemblées de seigneurs, et sous la troisième race par les états généraux, gardait le droit de voter l'impôt et de prononcer sur les démembrements de territoire; elle conservait aussi un droit éventuel de remontrances sur l'exécution des lois et la bonne administration du royaume; droit réel, car ces remontrances pouvaient avoir pour sanction le refus des subsides.

Voilà ce qui constitue le droit national et traditionnel de la France; droit inviolable et sacré que la Providence seule pouvait suspendre ou rendre impossible dans son application, en permettant l'absence ou l'extinction de la famille à laquelle la tradition nationale avait confié le dépôt héréditaire du pouvoir. Toutefois, dans ces cas de force majeure, la nation, loin d'abolir le principe héréditaire, devait le transporter dans une autre famille. Les états généraux du royaume exerçaient alors un droit de souveraineté réel, mais rigoureusement défini et limité par la souveraineté du droit.

III.

Du droit révolutionnaire.

A côté de ce droit national et traditionnel que soixante ans de révolutions ont, par intervalle, suspendu ; mais qui ne cessera d'avoir la force d'un droit que le jour où la France cessera d'exister comme nation, il s'est élevé un droit nouveau ; droit révolutionnaire qui, niant le principe divin de l'autorité, autorise et légitime le droit de bouleversement, de nivellement et de destruction ; ce droit, qui s'est orgueilleusement appelé *la souveraineté du peuple*, nous l'appellerons, nous, le droit de la force. Formulé par J.-J. Rousseau, ce droit ou cette souveraineté du peuple, comme on voudra l'appeler, fut solennellement proclamé par la constitution de 1793 ; et depuis lors il a servi de prétexte et d'excuse à un demi-siècle de révolutions.

Mais s'il était vrai que le principe d'autorité émanât uniquement du peuple, qui seul, nous dit-on, est souverain, le peuple aurait donc le droit absolu de changer indéfiniment les dépositaires de l'autorité ; droit nécessairement illimité par sa nature, et toujours illimité, depuis soixante ans, dans les constitutions comme dans les faits ? Quel chaos ! Quelle folie !

IV.

L'appel à la nation détruit-il le principe de la légitimité ?

Après avoir exposé, comme une déclaration de principes , ce qu'il faut entendre par droit national et traditionnel et par droit révolutionnaire nouveau, nous allons entrer franchement dans la question qui nous occupe, et démontrer que l'appel à la nation, non-seulement n'implique pas un droit permanent de révolution, comme on le dit, mais, au contraire, qu'il laisse à l'autorité son principe, au droit sa tradition, et à la loi fondamentale sa force et sa légitimité.

C'était un usage aussi ancien que la monarchie française, qu'un prince, en montant sur le trône, fût reconnu et proclamé roi par les grands officiers de la couronne, par les seigneurs et les vassaux ; espèce de consécration nationale qui ne conférait ni le pouvoir de la royauté, ni le titre de roi, mais qui sanctionnait dans la personne du nouveau souverain un droit héréditaire et traditionnel qu'il ne tenait que de ses pères. C'est ainsi que Pharamond fut reconnu roi des Français. Ses successeurs, depuis Clodion, ont tous suivi cet usage, modifié, il est vrai, par les mœurs et les temps nouveaux, mais non dénaturé. Lorsqu'un roi associait un de ses fils à la couronne, le proposait pour son successeur, on nommait un régent pour gouverner le royaume après sa mort ou durant son absence; c'était aussi dans une assemblée générale de la nation que le nouveau souverain et le régent étaient reconnus et proclamés.

V.

De l'avénement au trône de Pépin le Bref et de Hugues Capet.

Quelques-uns ont prétendu que l'avénement au trône de la deuxième et de la troisième race était une usurpation, c'est-à-dire une violation du droit national et traditionnel de la France; d'autres, rapportant tout à la nation, qui seule, disent-ils, a le droit de faire et de défaire les rois, ont soutenu que Pepin-le-Bref et Hugues Capet avaient été faits rois par le peuple. Mais ces deux opinions sont tout à fait contraires à l'histoire; nous allons le démontrer par le récit de l'avénement de ces deux races au trône de France.

Bien avant la mort de Charles Martel, une immense révolution s'était déjà faite dans les esprits; la royauté douteuse des Mérovingiens n'était plus qu'un vain simulacre, qu'un titre sans réalité, sans honneur même ; la mairie absorbait tout, le pouvoir, la puissance et la gloire ; la révolution n'attendait qu'un homme de génie pour se consommer dans l'État : c'est qu'il faut le dire, la race mérovingienne avait rempli ses destinées. Son principal office avait été d'implanter la monarchie sur le sol gaulois ; et quand cette œuvre fut accomplie, les passions franques se réveillèrent, elles voulurent rétrograder jusqu'aux lois et aux mœurs de la Germanie. De là cette réaction d'un demi-siècle, à laquelle se mêlèrent des rivalités confuses, et qui devait aboutir à un changement de race pour toute satisfaction. Charles Martel fut l'homme de cette révolution, Pepin en fut le roi ; voici maintenant quelles en furent les causes.

La royauté franque, nous dit l'histoire, avait dès le commencement subi la loi des vaincus. Ce furent en effet les Gaules qui, avec leurs mœurs, leurs lois, leur religion et leurs prêtres, souvent avec leurs usages demi-nationaux et demi-romains, ou bien avec leurs traditions de municipalités indépendantes, dominèrent la conquête et l'absorbèrent en quelque sorte. Toutefois la conquête gardait son action distincte, parce qu'elle représentait une force d'action qui manquait à la Gaule épuisée ; et c'est en cela qu'elle devint nationale. La royauté mérovingienne, toute franque qu'elle était, s'étant faite gauloise, les leudes ou chefs francs, voulant garder leurs droits de vainqueurs, se firent par opposition puissants et oppresseurs. De là, cette anarchie qui tourmenta la conquête franque, fatigua la marche et troubla le travail de la royauté mérovingienne.

Ce fut alors que commencèrent les usurpations de palais; la souveraineté se déplaça; le sceptre tomba dans la dépravation; il ne fallait plus qu'un génie pour consommer cette révolution par sa puissance et la légitimer par la gloire, comme elle l'était déjà par la volonté des leudes : ce génie parut; ce fut Pepin.

L'idée d'une race nouvelle dans l'empire gallo-franc n'était point récente. Elle n'apparaissait pas comme une illumination soudaine d'ambition ; mais elle arrivait par degrés, depuis un demi-siècle, comme une conséquence toute naturelle de la situation des choses. Ainsi, à la mort du jeune roi Thierry, Pepin se trouva tout doucement porté au trône, sans secousse, sans violence, et, disons le mot, sans usurpation. Toute l'habileté de son ambition se borna à faire consacrer en sa personne le titre de roi, dont il exerçait déjà le pouvoir ; et le peuple gaulois accepta sans répugnance une dynastie nouvelle qui s'était légitimée par la défense des Gaules contre l'irruption de toutes les espèces de barbarie.

Après avoir exposé les causes qui préparèrent l'avénement de Pepin le Bref au trône de France, nous allons dire maintenant comment s'accomplit la révolution qui déplaça le pouvoir royal pour le transporter dans une dynastie nouvelle, celle des Capétiens.

La royauté, telle que l'avait conçue Charlemagne, grande et forte, agissant sous l'inspiration chrétienne, quelquefois sous l'impulsion des évêques, alors tout-puissants, mais toujours d'intelligence avec eux, n'avait pas su garder longtemps ce haut caractère national. Dès lors elle avait par degrés cessé d'être l'institution protectrice du peuple, qui, rompant son alliance avec la royauté, s'en alla à la servitude sous la domination féodale, et la royauté, abandonnée du peuple, courut à la ruine. En France, c'est la destinée de ces deux grand éléments de l'ordre, de vivre ensemble ou de périr isolés. La monarchie, en se divisant à chaque changement de règne, s'altéra; l'autorité s'affaiblit; l'hérédité s'atténua dans la royauté, mais pour se fortifier dans les familles des grands et des vassaux. Toutefois on conserva le principe national et traditionnel de la souveraineté du monarque, mais en détruisant le principe de l'obéissance ou n'en laissant qu'une ombre.

Au milieu de l'anarchie des ambitions privées qui, durant un siècle et demi, dévora la nation entière, la popularité s'attacha à la race de Robert le Fort, qu'on vit prédestiné à sauver la nationalité gallo-franque, en opposant son épée aux invasions normandes, en protégeant la cité de Paris, ses temples et ses saints populaires, et disputant à la barbarie tout ce qu'il fut possible encore de sauver. C'est par là que cette race monta sur le trône à la mort de Louis V, dernier roi de la descendance de Charlemagne ; mais ce ne fut point une violence personnelle, ce ne fut point un rapt, ce ne fut rien de semblable à ces faits soudains qu'on a vus dans la suite des temps, au moyens desquels une conspiration, lente ou soudaine, savante ou fortuite, se met violemment en possession du pouvoir suprême ; ce fut un déplacement d'autorité sans conjuration secrète, sans violence publique, sans étonnement pour personne, imposé par la situation générale de la société française ; on eût dit une transmission naturelle d'un droit d'hérédité que les grands du royaume et l'église ne firent que sanctionner.

Depuis plus d'un siècle aussi, le changement

était fait dans les mœurs, dans les idées, dans les besoins. La famille carlovingienne l'avait subi ; et même elle l'avait consacré par un partage convenu d'autorité, comme on le vit sous le roi Eudes. La couronne brillait encore au front des descendants de Pepin ; mais leur sceptre était à terre. La puissance était nulle ou elle était en d'autres mains. La société ne pouvait vivre dans cette absence de pouvoir ; aussi lorsque l'instinct de la conservation se réveilla, par une impulsion naturelle, il alla droit à la race qui était forte et qui par là annonçait la protection et le salut. L'avénement de Hugues Capet fut l'œuvre de la nation tout entière ; il remplit le vide qui s'était fait au cœur de la monarchie. Pour avoir le courage de flétrir ce grand fait historique du nom d'usurpation, il faudrait oser soutenir que la France devait se dévouer à toujours aux tyrannies, et qu'étant arrivée aux derniers maux de l'anarchie, son devoir était d'y périr : la Providence n'a pas condamné les peuples à de si fatales vertus !

Et maintenant, peut-on dire, sans démentir l'histoire, que l'avénement de Pepin le Bref et de Hugues aient été le résultat d'une usurpation ou même d'une élection proprement dite ? Nous l'avons dit, ce fut l'œuvre universelle du temps, rien de plus, et les seigneurs ou la nation ne firent

que consacrer la transformation sociale qui se con-
sommait dans ce changement de race. Ils ne con-
férèrent point le pouvoir, ils sanctionnèrent seulement dans la personne de Pepin et de Hugues
l'exercice du pouvoir suprême, dont ces princes
étaient déjà maîtres, et le titre de roi avec le droit
d'hérédité.

Voilà quel était sous la monarchie le droit national et traditionnel de la France ; on proclamait
le roi, on ne l'élisait pas. Mais les révolutions mo-
dernes sont venues nous apporter un droit révolutionnaire nouveau, que les temps anciens n'ont
point connu, et qui, par une sage application, sau-
verait peut-être aujourd'hui la patrie des formida-
bles calamités qui la menacent : nous voulons par-
ler du suffrage universel, par qui seul peut se faire
notre appel à la nation.

VI.

L'appel à la révolution implique-t-il un droit permanent de révolution ?

« Mais votre appel, disent les non-appelants,
» implique un droit permanent de révolution ;
» c'est par acclamation, et non par scrutin, que
» les Parisiens chassèrent de rue en rue les An-
» glais de Henri VI et rétablirent Charles VII ;

» c'est aussi par acclamation que Henri IV fut
» remis en possession du trône. » Cette accusation
ne nous prouve qu'une seule chose, c'est que l'appel à la nation n'est point du tout compris par
les adversaires de la proposition.

Nous ne venons point demander à la nation de
créer un nouveau droit monarchique qui mette
en délibération le droit traditionnel, historique,
national de l'hérédité monarchique ; ce droit est
au-dessus de l'élection populaire, il existe par lui-
même, il se reconnaît, mais il ne se fait pas. Les révolutions dans leurs violences ont bien pu le briser ;
mais tant qu'il existera un descendant de saint Louis
et de Louis le Grand, ce droit conservera toute sa
force et sa légitimité. Ce que nous demandons,
c'est la reconnaissance et la confirmation de ce
droit, ainsi que cela se pratiquait sous la monarchie à chaque changement de règne, le résultat
du scrutin, quel qu'il soit, ne pouvant l'infirmer
en rien ; ce que nous demandons, c'est que la souveraineté de la force cède enfin la place à la souveraineté du droit, c'est que les détestables passions qui s'agitent à Paris sous les étreintes du
vice, de la misère et de l'ignorance et qui pour-
rissent dans un désespoir forcené, n'aient plus
le pouvoir d'immoler à leur profit les libertés
publiques et de précipiter impunément la nation

tout entière dans les plus affreuses catastrophes ;
ce que nous demandons, c'est que la France
sorte de cette situation d'incertitude et d'anxiété
qui amoindrit sa puissance au dehors, et cause sa
ruine au dedans, pour entrer dans une phase où
son organisation politique n'ait plus rien à redouter
des ambitions trop malheureusement surexcitées
au détriment des intérêts généraux du pays; ce
que nous demandons, c'est que le droit révolutionnaire nouveau s'incline devant l'expression
libre et sincère de la volonté nationale, et que le
droit d'insurrection ne soit plus inscrit dans nos
lois; ce que nous demandons, c'est que la France
déclare si elle entend subir à tout jamais une
république proclamée sans droit et sous une pression qui ne laissait pas la nation libre d'exprimer
ses véritables sentiments ; ce que nous demandons
enfin, c'est que chacun puisse dire tout haut par
la voix du suffrage universel ce qu'il pense tout bas
dans le fond de son cœur.

Voilà ce que nous venons demander à la France,
par un appel suprême à sa raison ; y a-t-il là quelque chose qui implique un droit permanent de
révolution ?

VII.

Dans les circonstances actuelles, le retour au droit national et traditionnel peut-il se faire par acclamation ?

« C'est par acclamation, et non par scrutin,
» dites-vous, que les Parisiens chassèrent de rue
» en rue les Anglais de Henri VI et retablirent
» Charles VII ; c'est par acclamation aussi que
» Henri IV fut remis en possession du trône ! »
Mais qu'est-ce que cela prouve ? sinon qu'on nc
délibère pas en temps de guerre civile : en ces
temps d'affreuses calamités, le meilleur bulletin de
vote, c'est un boulet lancé à l'ennemi. Aussi, il n'y
avait pas alors à délibérer, il fallait vaincre par le
sang ou périr dans le sang ; vaincu, donner à l'ennemi des ruines pour trône, des cadavres pour
sujets ; vainqueur, crier : vive le roi ! et proclamer par acclamation le droit national et traditionnel de la France : c'est ce que nous fîmes tous en
1814, quand l'étranger foulait aux pieds le sol de
la patrie et que quelques-uns de ces *bons patriotes*
d'alors, Lafayette à leur tête, allèrent demander au vainqueur un prince étranger pour roi.
Ce cri si national de vive le roi ! mille fois répété
aux quatre vents de la France, fut une noble pro-
testation contre toute pensée d'envahissement ; et
l'étranger dut comprendre qu'une nation qui se

manifestait de la sorte en face de l'ennemi, ne su-
birait jamais volontairement le joug qu'il pouvait
avoir la pensée de nous imposer. C'est peut-être
aussi ce qui nous sauva de la domination étran-
gère.

VIII.

L'appel à la nation est-il opportun?

Mais les temps et les événements sont bien chan-
gés. Il ne s'agit point aujourd'hui de chasser un
vainqueur, d'apaiser une guerre civile, de ré-
primer une anarchie, de protester contre quelque
pensée d'envahissement par ce cri national de vive
le roi ! une situation pareille à la nôtre ne se retrouve
nulle part dans l'histoire. Il s'agit d'arrêter le progrès
du mal qui ne fait que s'acroître de jour en jour,
d'empêcher que les mauvaises passions ne se re-
crutent de toutes les misères et ne se multiplient
d'une manière effrayante, de donner de la force
à l'autorité, de la consistance au pouvoir, de la
confiance à tous; il s'agit de prévenir la guerre
civile qui nous menace, de conjurer l'anarchie,
de détourner de notre patrie une crise prochaine
et funeste que tout annonce, un cataclysme social
comme jamais les hommes n'en ont vu ; il s'agit
de sauver la France, le monde entier peut-être,
de ces milliers de bandits que le socialisme fana-

tise et qu'il s'apprête à lâcher sur les nations comme sur une proie.

Et déjà ne voyez-vous pas à l'horizon obscur le nuage de la tempête ? ne voyez-vous pas inscrits sur la bannière du socialisme ces deux mots, orgueil et barbarie, qui font présager d'épouvantables catastrophes ? car le socialisme, comme Nabuchodonosor, est roi et bête tout ensemble. Depuis la révolution de février, de formidable mémoire, il n'y a plus rien de solide, plus rien de sûr en Europe ; la tempête révolutionnaire a renversé les trônes, brisé les couronnes, humilié les rois ; les institutions sociales ont été ébranlées jusque dans leurs fondements, les nations bouleversées ; et pour comble, les hommes d'état ont perdu le don de conseil, la raison humaine elle-même a subi des éclipses, la politique des états n'est plus qu'un chaos.

Et qu'on ne dise pas, pour rassurer la société, que la révolution socialiste a été vaincue partout où elle avait pris les armes, et qu'elle serait vaincue de nouveau si elle osait jamais proclamer, les armes à la main, son droit d'insurrection. Le socialisme a été vaincu, il n'a point été soumis ; il se recrute dans l'ombre, il se discipline, il se fortifie ; maîtres et séides, tous sont prêts au combat;

ce qu'ils attendent pour livrer de nouvelles batailles, c'est l'indiscipline, c'est la dissolution de l'armée, cette dernière ancre de salut.

Vous voyez comme nous la société qui croule, la vie morale qui s'épuise, les peuples qui deviennent chaque jour plus ingouvernables, l'idée de l'autorité divine et de l'autorité humaine qui disparaît tout à fait des cœurs; vous voyez le mal devenir plus grave et plus profond; vous voyez le socialisme debout encore sur ses trois grands théâtres, la France, l'Italie et l'Allemagne, où toutes les forces sociales concentrées et portées à leur plus haut degré de puissance suffisent à peine à le contenir, et vous dites : Le moment n'est pas opportun d'en appeler à la nation ! Mais quand donc sera-t-il opportun de sauver la société? Faut-il attendre qu'elle soit énervée, épuisée de souffrances, accablée sous l'excès du mal ? Faut-il attendre un jour de danger, ou la veille d'une lutte ? Faut-il attendre qu'elle ait péri ?

Et pourtant, jamais moment ne fut plus opportun pour faire un appel à la nation. L'Assemblée nationale, où tous les hommes de cœur travaillent sérieusement aux améliorations sociales et ne veulent que le bien de l'état, s'inclinerait sans hostilité puissante devant le vœu de la nation; le devoir de la minorité serait de s'y soumettre ; car la majorité seule a le droit de faire la loi. Le président de la république, qui marche avec tous les amis de l'ordre et des libertés publiques, pourrait résigner sans froissement d'amour-propre, sans humiliation, un pouvoir suprême et temporaire que le suffrage universel lui a donné; et si quelque conseiller imprudent lui suggérait une pensée d'usurpation, le vide qui se ferait autour de sa personne lui rappellerait aussitôt la responsabilité immense qu'assume sur sa tête un usurpateur, qui, pour satisfaire une vaine ambition, ne craint pas d'invoquer à son secours toutes les fureurs de la guerre civile : chassé tôt ou tard, quoique vainqueur ; méprisé des siens mêmes, s'il est vaincu ; maudit de tous, s'il a osé ramasser le sceptre royal dans le sang; voilà son sort, voilà le sort de tout usurpateur. Quant à l'armée, si admirable de discipline et de courage, elle saurait faire respecter le vœu des comices nationaux, si quelque parti était assez audacieux pour prétendre imposer par la violence sa domination au pays.

Vous le voyez, jamais moment ne fut plus opportun pour faire un appel à la nation.

IX.

Si la monarchie sort triomphante du suffrage universel, qui sera roi?

Une autre objection nous est encore faite par les non-appelants : « Si la monarchie sort triom-
» phante du suffrage universel, nous disent-ils,
» laquelle faudra-t-il choisir ; car il y en a trois ;
» l'une a le droit pour elle ; mais toutes ont des
» partisans ? »

Cette objection n'est point sérieuse ; aussi nous sera-t-il facile d'y répondre.

Nous avons déjà dit qu'il existe en France un droit national que nous mettons au-dessus de l'élection ; ce droit traditionnel ne se fait pas, il se reconnaît ; c'est l'hérédité monarchique. En admettant l'hypothèse de la monarchie sortant du suffrage universel, qui donc sera roi? On nomme trois prétendants. Sera-ce M. le comte de Chambord, à tout seigneur tout honneur ; le jeune comte de Paris, ou bien le prince Louis-Napoléon Bonaparte?

M. le comte de Chambord! Examinons ses droits. Et d'abord il descend en ligne directe de Hugues Capet, le premier roi de la troisième race.

Ce titre seul constitue son droit; car la transmission héréditaire du pouvoir royal a été reconnue et maintenue par la nation dans cette illustre
famille des Capétiens, non pour que le trône fût
toujours bien rempli, mais pour qu'il ne fût jamais vide; principe conservateur que nos pères
ont très-sagement laissé établir et dont la violation n'entraîne aujourd'hui que désordres et calamités. C'est ce principe que nous avons voulu
faire reconnaître et proclamer, en demandant,
avec M. de la Rochejaquelein, l'appel à la nation.

En outre, par le seul fait de son avénement au
trône, M. le comte de Chambord ferme l'ère des
révolutions, il rallie tous les partis au service de
la France, sans en blesser, sans en froisser aucun; car il n'y a rien d'humiliant à rentrer volontairement sous la loi de ses pères. Et, en effet,
comme dit avec tant d'à-propos M. de la Rochejaquelein, dans la *Défense de sa proposition* :
« M. le comte de Chambord ne prend la place
» de personne. Qui peut se plaindre? De tous les
» princes, c'est celui qui n'exclut personne. Ce
» n'est pas une famille, ce n'est pas un prince
» qu'on choisit, c'est un principe que l'on re-
» connaît. Qui donc peut s'étonner d'une pareille
» préférence? Elle n'atteint personne, pas plus

» la famille d'Orléans que la famille Bonaparte.
» La branche d'Orléans hérite directement. »

Le second prétendant est le jeune comte de Paris, ou tout autre membre de sa famille; mais nous prenons la pensée orléaniste. Ce prince a dix ans. A cet âge, il est incapable de gouverner; il faut donc une régence. C'est un droit nouveau que l'on crée en faveur d'une famille qui a brisé, depuis le 7 août 1830, avec toute la tradition monarchique; droit révolutionnaire qui ouvre la porte à toutes les ambitions dynastiques, et qui, dans le cas de contestation élective, ne saurait servir de terme à de fatales expériences. M. le comte de Paris a tout à perdre et rien à gagner à ne pas se soumettre au droit national et traditionnel de l'hérédité monarchique. Ce serait commencer une nouvelle révolution pour aboutir peut-être à un abîme; quand les droits sacrés de la famille sont attaqués d'une manière si sauvage, un fatal exemple ne partirait pas de si haut.

Voici maintenant venir un troisième prétendant, en faveur duquel il faudrait encore créer un droit nouveau, c'est le prince Louis-Napoléon Bonaparte. Neveu de l'empereur Napoléon, l'un des plus grands hommes que le monde ait produits, il ne peut régner en vertu de ce titre; son élection même ne détruirait pas le droit national et traditionnel de la France, elle ne ferait qu'atténuer l'énormité de son usurpation ; car le prince Louis-Napoléon Bonaparte, pas plus que M. le comte de Paris, ne consacrent le droit monarchique ; au contraire, ils le contestent ; ils représentent, l'un et l'autre, deux faits historiques qui tiennent une grande place dans notre histoire contemporaine, mais rien de plus. Et en admettant que, pour se débarrasser de la République, la France consentît à se jeter en aveugle dans les hasards d'une dynastie nouvelle, qui serait l'héritier présomptif du prince Louis-Bonaparte? « Vous n'en savez rien, » ni moi non plus, dit ironiquement M. de la » Rochejaquelein; c'est une affaire de famille » difficile à régler. »

Il n'y a donc qu'une seule monarchie qui soit possible après la République, c'est la monarchie légitime, c'est la monarchie du droit national et traditionnel de la France, c'est la monarchie de M. le comte de Chambord. Celle-ci peut sauver la France en laissant à chacun son devoir et son droit, en n'excluant personne, en tenant compte de tous les services rendus au pays ; celle-là seule, un jour, la sauvera.

X.

L'appel à la nation est-il un appel à la guerre civile ?

C'est ici le lieu de répondre à un reproche très-grave que nous adressent les non-appellants par la voix de de M. de Laboulie. « C'est une lutte » à coups de fusil, nous dit-il ; c'est la guerre ci- » vile ; ce sont d'effroyables malheurs que vous » attirez sur le pays par cette malencontreuse » proposition. »

La guerre civile ! Mais qui oserait la faire ? Quel parti, fût-il républicain ou socialiste, tricolore ou rouge, serait assez insensé pour renoncer aux chances d'une épreuve, en faisant d'une lutte électorale une lutte à coups de fusil ? Et l'armée, si vaillante dans les combats, si fidèle à la discipline, si résolue à combattre l'anarchie ; et le pouvoir si intéressé à maintenir l'ordre ; et l'Assemblée nationale qui nous a déjà donné tant de preuves de sa fermeté ; et cette multitude d'honnêtes citoyens qui ont tout à perdre dans le désordre et rien à gagner, vous supposez donc qu'ils assisteraient froidement, lâchement, l'arme au bras, à une lutte électorale à coups de fusil, ou bien qu'ils seraient impuissants à comprimer la guerre civile !

Non, non; augurons mieux des honnêtes gens de notre pays, et ne faisons pas aux passions turbulentes et révolutionnaires l'honneur d'un courage et d'une audace qu'elles ne puisent que dans nos propres divisions. La guerre civile n'est possible que sous un pouvoir faible et incertain, défendu par une armée sans discipline, qui méconnaît ses chefs, et au milieu d'une société que la terreur domine; le jour où vous verrez cela, ce jour-là seulement, la guerre civile sera possible; ce jour-là peut-être, elle éclatera.

A Dieu ne plaise que nous appellions sur notre patrie cette épouvantable calamité ! La guerre civile est une flétrisure au front des partis qui la suscitent; et nous ne voudrions pas déshonorer une cause si sainte et si nationale par la seule pensée que nous pouvons en la défendant précipiter l'heure de la guerre civile.

XI.

Évitera-t-on la guerre civile ?

Mais un travail formidable se fait dans les esprits; il part de la France pour s'étendre et se dévelop-

per chez toutes les nations, et les puissances étrangères ne considèrent plus aujourd'hui notre patrie
que comme le club central de l'Europe. Les
passions, partout, fermentent ; le socialisme se
recrute et se discipline. Dans deux ans, dans un
an, dans un mois peut-être, qui sait ? la guerre
civile sera possible, et c'est alors que l'appel à la
nation, l'acclamation elle-même, serait une véritable lutte à coups de fusil !

Dans ces tristes prévisions, et pendant que
le pouvoir est encore fort, on vous propose un
moyen légal d'en finir avec les factions, et ce
mode de solution vous le rejetez, vous le cons-
puez, comme un appel à la guerre civile, comme
un droit permanent de révolution !

La guerre civile, vous ne l'éviterez pas ! vous ne
la conjurerez pas par vos pusillanimes temporisa-
tions ! temporiser en face de l'ennemi et quand on
a pour soi la force, c'est vouloir être vaincu :
vous le serez ! Le socialisme est patient par tacti-
que ; il attend. Quand son heure aura sonné, il
éclatera comme la foudre, il débordera comme un
torrent, sans autre but que la dévastation, sans autre terme à ses fureurs que la destruction entière
de la société; car le socialisme, vous le savez,

c'est une négation, c'est un abîme, et l'abîme c'est la mort !

Et alors où seront vos moyens d'action pour comprimer la guerre civile ? Le pouvoir se sera affaibli, inutilisé, dans l'incertitude et l'indécision; la terreur dominera les esprits, et l'armée, cette armée si vaillante qui a vaincu dans mille combats l'Europe entière, et qui même un jour dans une mémorable défaite faisait encore trembler l'ennemi; l'armée, occupée, sur nos frontières comme dans nos cités, à combattre, ici pour sauver la France de la barbarie, là pour la préserver d'une quatrième invasion de l'Europe qui ne veut pas périr par nous; l'armée, obligée de se multiplier à l'infini, pourra-t-elle résister, malgré sa valeur, à tant d'ennemis à la fois ?

Oh ! alors, malheur à nous ! malheur à nous ! Car la guerre civile frappera en aveugle et détruira en barbare ! malheur à nous ! Car nous serons tous comme frappés de stupeur, cherchant la force et le salut dans l'union, et n'y trouvant qu'impuissance et que faiblesse ! Malheur à nous ! car l'étranger pourrait bien fouler de nouveau le sol de la patrie, et craignons cette fois qu'il ne le foule en ennemi vainqueur ! Malheur à vous aussi qui aurez mis la sape aux mains des barbares; à vous qui, par vos doctrines perverses, aurez préparé ce cataclysme social ; à vous tous, chefs d'écoles, qui chaque jour dans vos écrits soufflez la haine et la vengeance sous prétexte de liberté, d'égalité, de fraternité, de droit au travail et autres utopies semblables ; malheur à vous ! car vous ne recueillerez que la honte et l'opprobre, et toutes les nations vous diront un jour anathème ! anathème aux destructeurs de la société !

PROPOSITION

DÉPOSÉE A L'ASSEMBLÉE NATIONALE,

PAR M. DE LA ROCHEJAQUELEIN,

DANS LA SÉANCE DU 26 MARS.

Considérant que, pour toute nation, le sentiment de la légitimité de ses institutions politiques, la confiance dans leur puissance et leur durée, sont les conditions fondamentales de sa sécurité, de sa grandeur et de sa prospérité;

Considérant que ce sentiment n'existe plus aujourd'hui en France;

Que, par suite de cette situation, l'avenir est pour tous plein d'incertitude et de périls;

Que, dans le présent, la division des partis et l'ardeur des ambitions individuelles sont trop malheureusement surexcitées au détriment des intérêts généraux du pays;

Que l'agriculture, le commerce et l'industrie sont dans un état de souffrance qui ne peut se prolonger plus longtemps;

Que le développement des facultés et de l'énergie de la France est entravé;

Que sa puissance extérieure est amoindrie par la douloureuse nécessité où elle se trouve de concentrer préventivement la plus grande partie de ses forces contre les tentatives de subversion;

Considérant que l'intérêt général exige impérieusement que la France sorte de cette situation d'incertitude et d'anxiété, pour entrer dans une phase où son organisation politique repose sur une base solide et durable;

Considérant que la principale cause des malheurs qui, depuis si longtemps, affligent la France, provient de ce qu'aux différentes époques où, confondant à tort la souveraineté nationale avec le principe électif, la souveraineté nationale a été présentée comme la base nouvelle des institutions politiques sans que la France ait été appelée à se prononcer librement sur le choix du gouvernement qu'elle préférait, comme le plus conforme à ses croyances, à ses mœurs et à ses intérêts;

Que dans certains cas elle n'a point été consultée;

Que, dans les autres, elle ne l'a été qu'après la substitution violente d'un gouvernement à un autre, c'est-à-dire qu'elle a été appelée, non à faire un choix libre, mais à accepter les faits accomplis, *non à instituer, mais à sanctionner*, et que cette *sanction* elle-même n'était pas un acte moralement libre, puisque, par suite de la destruction du gouvernement préexistant, la France n'avait plus l'option qu'entre l'*acceptation* ou l'*a-narchie ;*

Considérant que s'il est désirable au point de vue de la sécurité publique et de la grandeur nationale, auxquelles contribue par-dessus tout la permanence des institutions politiques, que les nations n'usent que dans les cas où leur salut l'exige, sous peine de périr, du droit de modifier leur organisation politique, il est essentiel et fondamental que le point de départ de leurs institutions soit un acte de la volonté nationale, dont la liberté ne puisse être l'objet d'aucune contestation.

Considérant, tout en tenant grand compte des difficultés contre lesquelles ils avaient à lutter, que les hommes qui, le 24 février 1848, furent portés provisoirement au pouvoir, étaient, dans l'opinion générale et fondée, sans aucun droit pour imposer à la France une forme quelconque de gouvernement ;

Qu'ils devaient se borner à administrer *provi-soirement*, à préserver les droits de la nation sans rien préjuger sur sa volonté ultérieure ;

Qu'ils devaient prendre, enfin, toutes les mesures propres à assurer à la libre expression de cette volonté, quelle qu'elle fût, l'obéissance et le respect dus à la décision souveraine du pays.

Considérant que les proclamations des 24 et

26 février 1848, dont la première proclame la République, sauf *ratification de la nation*, et la seconde la proclame d'une manière absolue, furen deux actes contraires aux principes de la *souveraineté nationale;*

Que nul ne pouvait, sans usurpation, restreindre le droit de la nation, lui enlever son initiative, sa liberté dans le choix *d'un gouvernement*, pour la réduire à un simple vote de *ratification*, qui, en pareil cas, pouvait n'être qu'un acte de *résignation;*

Considérant que tout fut combiné par le Gouvernement provisoire pour enlever même à la France dans l'accomplissement de cette simple ratification, la spontanéité, la plénitude du libre arbitre, qui seuls pouvaient donner à cet acte l'autorité morale d'où résulte la satisfaction des consciences et l'abdication des partis;

Considérant, en effet, que dans toute la France les fonctionnaires de l'ordre politique furent remplacés par des commissaires chargés d'imposer la République;

Que dans ce but, des pouvoirs illimités leur furent conférés;

Qu'ils reçurent même la faculté de se faire élire dans les lieux où ils exerçaient ces pouvoirs;

Que des émissaires furent chargés de faire pré-

valoir dans les élections les candidatures répu-
blicaines ;

Considérant en outre que lors de la réunion
de l'Assemblée nationale dans la ville de Paris,
le 4 mai 1848, le pouvoir était tout entier aux
mains du *gouvernement provisoire* qui avait proclamé et organisé la République ;

Qu'il n'existait dans cette ville, à l'exception de
la garde nationale, aucune force militaire pour
protéger la liberté des délibérations de l'Assemblée ;

Que la garde nationale elle-même avait été for-
mée dans un but spécial et de telle façon, que la
guerre civile eût éclaté si l'Assemblée n'avait pas
obéi à la pression du gouvernement ;

Que la question de savoir si l'Assemblée ne devrait pas être dispersée, dans le cas où elle ne
proclamerait pas la République, avait été publi-
quement agitée et posée lors des élections, à la
plupart des candidats aux grades de la garde nationale ;

Qu'il existait sous le nom d'ateliers nationaux
une force redoutable de plus de 100,000 hommes,
entièrement à la discrétion des membres les plus
exaltés du Gouvernement provisoire ;

Que l'Assemblée, placé au centre du mouvement
et des forces dirigées par le gouvernement qui

avait proclamé la République, se trouvait ainsi à sa merci ;

Considérant que toutes ces circonstances, et particulièrement la position critique résultant de l'établissement préalable du gouvernement républicain, qui ne laissait de choix, aux hommes dévoués avant tout à leur pays, qu'entre la ratification ou l'anarchie et la guerre civile, *justifient le doute généralement répandu dans les esprits sur le point de savoir si les institutions actuelles sont l'expression sincère de la volonté de la France, agissant dans la plénitude de son libre arbitre et de sa souveraineté;*

Considérant qu'un pareil doute provoque la défiance dans la durée de ces institutions, entretient les espérances et l'antagonisme des différents partis, fait naître les bruits d'insurrection ou de coups d'État, et, par suite, paralyse l'agriculture, le commerce et l'industrie, qui ne peuvent se développer que par la sécurité du présent et la confiance dans l'avenir, et qu'une pareille situation est une cause continue d'affaiblissement vis-à-vis des puissances étrangères ;

Considérant qu'un pareil état de choses ne peut se prolonger sans porter une atteinte funeste à la dignité, à la prospérité et à la grandeur de la France ;

Considérant que le gouvernement doit trouver

dans son origine la puissance morale qui assure au dedans le respect dû au principe d'autorité, et au dehors la juste influence de la France ;

Considérant que le principe de la souveraineté nationale est reconnu par tous les partis qui nous divisent ; qu'il a été de tout temps regardé comme la source du pouvoir, l'hérédité royale n'ayant été maintenue pendant une longue suite de siècles que par le consentement de la nation ; que *l'institution du droit héréditaire* ne saurait souffrir d'un appel à la nation qui, usant de la plénitude de sa souveraineté, pourrait reconnaître ce *principe d'origine nationale*, et lui donner une sanction nouvelle sans en altérer la nature ni lui imprimer un caractère électif ;

Que les partisans des autres gouvernements, républicains ou monarchiques, qui ont régi la France depuis soixante ans, ne sauraient méconnaître un acte solennel et régulier de la volonté nationale qui était invoquée comme la seule raison d'être de ces différents gouvernements ;

Considérant que, particulièrement, le gouvernement républicain doit être l'expression libre et sincère de la volonté nationale pour que toutes les volontés individuelles s'inclinent devant lui ;

Considérant que les doctrines subversives de toutes sociétés, qui sont propagées de la manière la plus déplorable, depuis que la France est sortie

du droit traditionnel de l'autorité héréditaire,
s'appuient sur le *droit d'insurrection*, consacré
par le succès et glorifié pendant trop d'années;

Qu'elles doivent avoir pour résultat infaillible
de pervertir les populations trompées sur les devoirs des citoyens envers la nation tout entière;

Que le meilleur moyen de combattre ces détestables doctrines est de mettre le pays en face de
lui-même, pour que sa volonté, manifestée dans
sa majesté, dans le calme, et librement, fasse la
loi de telle sorte qu'elle remplace enfin l'ambition,
la ruse ou la violence qui renversent successive-
ment les gouvernements établis;

Considérant que des prétentions ou des préven-
tions funestes et peu intelligentes divisent malheureusement encore en classes ou catégories
rivales et hostiles, rangent sous des drapeaux
différents un grand nombre de citoyens, sur l'ac-
cord et les lumières desquels le pays devrait pouvoir compter; qu'il importe de faire cesser ces
divisions par l'expression non équivoque de la
souveraineté nationale;

Considérant que la forme républicaine ne fut
envisagée par un grand nombre de citoyens que

comme une épreuve à faire loyalement, comme
un terrain neutre sur lequel tous les partis pouvaient se rencontrer, pour donner à la France le
temps de se recueillir, d'arrêter et de manifester
sa volonté définitive ;

Considérant que l'article 1er, chapitre Ier de la
Constitution de 1848, est ainsi conçu : « La
» souveraineté réside dans l'universalité des ci-
» toyens français ; elle est inaliénable et impres-
» criptible ; aucun individu, aucune fraction du
» peuple ne peut s'en attribuer l'exercice ; »

Considérant que la Constitution de 1848 n'éta-
blit point entre la nation et une famille, ou un
personnage quelconque, un contrat dont il ne
soit pas permis à la nation de se dégager à son
gré ;

Qu'elle a uniquement le caractère d'un acte
dans lequel la nation, par l'effet de sa seule volonté, a déclaré adopter certaines règles pour la
direction de ses affaires ;

Considérant que dans une telle situation, une
nation est toujours libre de changer sa volonté, et
par conséquent de modifier ses institutions ;

Que si de pareilles modifications ne peuvent,

sous peine d'usurpation , être opérées par des re-
présentants qu'autant qu'ils en ont reçu le mandat
exprès, la nation elle-même, en vertu de la plénitude de sa souveraineté, et d'après les termes de
la Constitution, peut en tout temps et en toutes
circonstances, par une manifestation directe, claire
et libre de sa volonté, changer les institutions qui
la régissent, lorsque, dans sa sagesse et son libre
arbitre, elle juge que cette modification lui est
commandée par le soin de sa sécurité et de sa
grandeur ;

Considérant que la révision de la Constitution
ne pourrait régulièrement être ordonnée par l'Assemblée législative que dans deux ans, et qu'il
suffirait d'une faible minorité pour empêcher
qu'elle pût s'effectuer légalement ;

Considérant que la misère, la ruine générale
causées par l'incertitude de l'avenir, font de jour
en jour des progrès effrayants et jettent le désespoir dans les populations qui ne peuvent souffrir
plus longtemps une situation dont les périls frap-
pent tous les hommes qui examinent sérieusement
l'état de la société française ;

Considérant que les véritables libertés, les améliorations sociales, les réformes, les progrès ne

peuvent s'établir que dans les conditions de stabilité , de confiance dans l'avenir, qui stimulent toutes les bonnes volontés et leur donnent foi dans les tentatives pour le bien ;

Considérant l'état d'anxiété dans lequel se trouvent tous les esprits et tous les cœurs ;

Considérant que le principe posé dans l'article 1er, chapitre Ier de la Constitution de 1848, ouvre à la France, pour sortir de l'état d'incertitude, de division et de faiblesse où elle se trouve, une voie pacifique et régulière ;

Que l'organisation actuelle du gouvernement dont les pouvoirs politiques sont temporaires, est essentiellement favorable à l'application du principe posé par l'article 1er de la Constitution ;

Considérant que cet appel solennel à la souveraineté nationale est le seul moyen de rétablir la confiance, de déjouer les calculs égoïstes des partis, de prévenir les commotions violentes, les tentatives ambitieuses, les rêves d'usurpation ; de calmer les appréhensions de guerre civile , de rendre enfin à la France sa sécurité, sa dignité et sa force ;

Considérant que l'initiative de cette grande me-

sure est du domaine exclusif de l'Assemblée nationale législative ;

J'ai l'honneur de déposer la proposition sui-
vante :

ARTICLE PREMIER.

La Nation sera consultée sur la forme du gouvernement qu'elle veut constituer définitivement.
À cet effet, le premier dimanche du mois de
juin 1850, il sera procédé au vote général dans la
forme prescrite pour l'élection du président, en
se conformant aux dispositions nouvelles sur les
circonscriptions électorales.

ART. 2.

Chaque électeur déposera un bulletin sur lequel
sera inscrit l'un des deux mots : *République* ou
Monarchie.

ART. 3.

Si la majorité est acquise à la République, le
résultat sera proclamé à la tribune de l'Assemblée
législative par le président de la République.

ART. 4.

Si la majorité est acquise à la Monarchie, le

résultat sera proclamé par le président de l'Assemblée législative.

Dans ce cas seulement, il sera procédé, le premier dimanche du mois de juillet 1850, par le suffrage universel, à la nomination d'une Assemblée constituante, chargée des pleins pouvoirs de la Nation.

ART. 5.

Le président de la République conservera le pouvoir exécutif jusqu'au jour de la constitution définitive de l'Assemblée constituante.

Signé **HENRI DE LA ROCHEJAQUELEIN,**

Représentant du Morbihan.

Paris, 26 mars 1850.

Imprimerie Dondey-Dupré, rue Saint-Louis, 46, au Marais.

www.ingramcontent.com/pod-product-compliance
Lightning Source LLC
Chambersburg PA
CBHW061315050726
47594CB00004B/1727